ÉTUDES DE PHILOSOPHIE NATURELLE
3me SÉRIE : N° 3

ORIGINE

DES

MÉTÉORITES ET AUTRES CORPS

CÉLESTES

PAR

J.-ÉMILE FILACHOU

Docteur ès-Lettres.

Tecum principium.
Ps. CIX, 3.

MONTPELLIER
Félix SEGUIN, Libraire-Éditeur
Rue Argenterie, 25.

PARIS
DURAND & PEDONE-LAURIEL
Rue Cujas, 9.

1878

Suite des Ouvrages du même Auteur

N° 7. Démonstration psychologique et expérimentale de l'existence de Dieu. 1 vol. in-12. 1873.

N° 8. De l'ordre et du mode de décomposition de la lumière par les bords minces. 1 vol. in-12.

N° 9. Le système du monde en quatre mots. 1 vol. in-12.

N° 10. Classification raisonnée des Sciences naturelles. 1 vol. in-12.

2ᵉ Série : N° 1. La mécanique de l'esprit conforme aux principes de la classification rationnelle. 1 vol. in-12.

N° 2. Organisation et unification des sciences naturelles. 1 vol. in-12.

N° 3. L'Histoire naturelle éclairée par la théorie des axes (avec planche). 1 vol. in-12.

N° 4. La mécanique de l'esprit par la trigonométrie. 1 vol. in-12.

N° 5. La Classification rationnelle et le Calcul infinitésimal. 1 vol. in-12.

N° 6. La Classification rationnelle et la Phénoménologie transcendante (avec planche). 1 vol. in-12.

N° 7. La Classification rationnelle et la Géologie (avec planche). **1 vol. in-12.**

N° 8. **La Classification rationnelle et la Pragmatologie psychologique.** 1 vol. in-12.

N° 9. La Classification rationnelle et la Pneumatologie mécanique. 1 vol. in-12.

N° 10. Éléments de Psychologie mathématique. 1 vol. in-12.

3ᵉ Série : N° 1. Identité du Subjectif et de l'Objectif (avec planche). 1 vol. in-12.

N° 2. Le vrai système général de l'Univers. 1 vol. in-12.

Montpellier. — Typogr. Boehm et Fils.

ÉTUDES DE PHILOSOPHIE NATURELLE

3ᵐᵉ **Série : N⁰ 3**

ORIGINE

DES

MÉTÉORITES ET AUTRES CORPS CÉLESTES

POUR PARAITRE SUCCESSIVEMENT :

N° 4. Sources naturelles du surnaturel (avec planche). 1 vol. in-12.

N° 5. Prodrome de Chimie rationnelle. 1 vol. in-12.

N° 6. Du premier instant dans la série des êtres et des événements. 1 vol. in-12.

N° 7. Fins et moyens de Cosmologie rationnelle. 1 vol. in-12.

N° 8. De la contradiction en philosophie mathématique. 1 vol. in-12.

N° 9. Du péché originel et de son irrémissibilité. 1 vol. in-12.

N° 10. Transcendance et variabilité des idées réelles. 1 vol. in-12.

4ᵉ Série : N° 1. Grâce et Liberté, fondements du monde visible. 1 vol. in-12.

Montpellier. — Typ. Boehm et Fils.

ÉTUDES DE PHILOSOPHIE NATURELLE
3me SÉRIE : N° 3

ORIGINE

DES

MÉTÉORITES ET AUTRES CORPS

CÉLESTES

PAR

J.-ÉMILE FILACHOU

Docteur ès-Lettres.

Tecum principium.
Ps. CIX, 3.

MONTPELLIER | PARIS
Félix SEGUIN, Libraire-Éditeur | DURAND & PEDONE-LAURIEL
Rue Argenterie, 25. | Rue Cujas, 9.

1878

AVANT-PROPOS

Les principes que nous allons établir dans cet Avant-propos sont tellement essentiels, que le lecteur auquel ils ne conviendraient pas peut, immédiatement après en avoir pris connaissance, fermer le livre, rien de ce qui suit n'étant plus dit à son adresse.

1° Pour expliquer ou plutôt pour commencer d'expliquer (car on est encore loin du but) la formation des corps célestes du système solaire, il existe une théorie communément admise par les astronomes du siècle : la théorie *physique*. Elle consiste à regarder la plupart de ces astres, tels que soleil, planètes et satellites, comme issus — par contraction — d'un état nébuleux antérieur. Pour nous, cette théorie, seulement plausible à titre d'hypothèse ou de fiction, n'est ni rationnellement ni pratiquement admissible.

D'abord, cette théorie n'est point rationnelle, parce qu'elle a le double défaut, énorme à nos yeux, d'ériger en *principe* un *fait* qui n'est nullement primitif, et de faire dépendre du devenir *imaginaire* le devenir *réel*, sans lequel on ne le saurait concevoir.

Un principe n'est vraiment digne de ce nom qu'à la condition de commencer une série de termes qui le suivent, sans être lui-même précédé d'autres termes auxquels il ferait suite à son tour. Or, il est absolument impossible d'attribuer rationnellement, à l'état nébuleux présupposé, ce rôle de principe exclusif. Car, puisque cet état a dû naturellement finir un jour, il avait dû pareillement aussi commencer, et par suite l'absolue dispersion qu'il implique de fait n'est que le terme ou la fin d'un état inverse de concentration extrême préalable. Mais alors, autant l'expansion nébuleuse implique après elle la concentration, autant elle l'implique encore avant; et les deux états inverses de concentration et d'expansion se présupposent l'un l'autre sans fin. Donc, aucun d'eux ne peut jouer le rôle de vrai principe envers l'autre.

Admettons cependant, par hypothèse, en *loi*, la nécessité du passage alternatif et perpétuel des êtres par les deux états inverses de concentration et d'expansion: pourrons-nous nous prévaloir tant soit peu de cette *loi*, pour en ériger le seul fonctionnement en vraie *première* et *dernière* raison du devenir ou de l'ordre oscillatoire existant? Nullement. Car une loi qui serait, par hypothèse, la simple représentation *abstraite* d'une série de faits indépendants l'un de l'autre, comme la concentration et l'expansion alternantes, ne les conditionnerait point évidemment; et, pour la concevoir efficace, il devient alors indispensable de passer, de l'idée de purs *actes* consécutifs alternants, à celle de deux *forces* réelles et corrélatives inverses, ou telles que, toujours contrairement constituées, elles héritent, chacune à part, de l'état que l'autre délaisse; d'où il résulte que la *coexistence* des mêmes états opposés n'est jamais séparée de l'*alternance*. Ne considérons en effet qu'une force : quand elle existe à l'état, par exemple, de concentration, elle n'a point en elle-même raison d'exister à l'état inverse d'expansion, ou *vice versâ*. Donc, si elle change d'état, elle le fait pour ainsi dire en vertu d'ordre supérieur, ou par la nécessité de conservation de la *force vive* cherchant à se compenser, chez *elle-même*, d'une cession faite en sens contraire ailleurs ou chez la *force rivale*; et par conséquent la loi déterminative du changement, au lieu d'être *abstraite*, est *concrète*, ou bien le principe n'en est point *imaginaire* mais *réel*. Ne s'attachant qu'à considérer la série des états consécutifs d'expansion et de concentration, la théorie régnante subordonne donc, au devenir incomplet imaginaire, le devenir réel complet, qui devrait au contraire dominer ; et de là vient que, en indiquant pour raison de l'état actuel du monde un état contraire précédent, elle ne satisfait point au besoin légitime de savoir, parce que le précédent assigné n'est point le premier ou le vrai principe des choses. Là-dessus, du reste, ses aveux sont formels et bons à recueillir. « La nature est inépuisable dans ses merveilles, a dit un de ses principaux représentants (Secchi, *le Soleil*, II, 483, 2e édit); lorsque l'on croit arriver au terme, on n'est encore qu'au début. » C'est là justement le reproche formulé par l'Apôtre contre les faux savants, qu'il nous représente comme apprenant toujours et n'arrivant jamais au vrai: *Semper discentes, et nunquam ad scientiam veritatis pervenientes* (II Tim., III, 7); et nous ne sommes pas peu surpris de voir ici détourner presque en titre de gloire d'une théorie sa flagrante stérilité même, dont on ne peut se dispenser de convenir.

Nous venons de constater la flagrante stérilité de la théorie *physique*, au point de vue rationnel; l'insuffisance au point de vue pratique n'en est pas moins évidente. Tant que ses partisans se contentent de l'appliquer aux corps *réguliers* du système solaire: soleils, planètes ou satellites, et qu'ils cherchent à rendre compte, par ce moyen, de leur multiplicité, de leurs distances ou de leurs mouvements, s'ils n'y réussissent pas toujours à souhait, ils le font néanmoins souvent avec bonheur, et n'ont pas l'air de rencontrer là des faits inconciliables avec leur hypothèse. Mais s'agit-il ensuite de l'appliquer également aux corps *irréguliers* du même système, tels que comètes, bolides ou météorites, la dissonance entre les observations et la théorie devient aussitôt manifeste. Ainsi, tandis que toutes les trajectoires des planètes ou des satellites sont ouvertement elliptiques, toutes celles des bolides ou météorites sont au contraire paraboliques. Les comètes, de leur côté, paraissent bien décrire pendant quelque temps des orbites elliptiques ; mais tôt ou tard elles s'en affranchissent et tournent inopinément aux trajectoires hyperboliques. Témoins de ces faits anormaux, contraires à toutes les prévisions de la théorie, les astronomes penchent alors à regarder les corps irréguliers comme originairement tout à fait étrangers au système solaire, et fortuitement arrivés là comme chiens dans un jeu de quilles, pour en troubler la merveilleuse économie primitive. Mais vraiment, s'il en était ainsi, — vu surtout l'innombrable multitude des corps irréguliers, cométaires ou autres, parcourant dans tous les sens le système solaire, ce système n'aurait point de frontières naturelles ; et tandis qu'il manquerait ainsi de barrières protectrices contre l'invasion du dehors, il ne serait pas seul ouvert aux chances de destruction ; le monde entier y serait lui-même sujet, et le désordre serait, aussi bien que l'ordre, endémique partout. Mais où serait alors le principe de l'un ou de l'autre? Et la même Nature, que nous regardons comme l'éternelle fondatrice et gardienne de la régularité, pourrait-elle être en même temps un foyer universel et constant de troubles et de révolutions?.. En généralisant la question ou l'étendant du système solaire au monde entier, les partisans de la théorie *physique* ne la résolvent donc point. Il est évident que si l'ordre est naturel, le désordre ne l'est pas : l'opposition entre l'ordre et le désordre implique une dualité de causes; et puisque la théorie *physique* est une en principe, elle ne peut qu'être, dans ces conditions, radicalement impuissante à résoudre le problème dualiste imposé par l'observation. En vertu de la même hypothèse qui la sauve d'un abîme, elle retombe alors dans un autre, comme de Charybde en Scylla; mais fou serait, ce nous semble, celui qui prendrait cela pour une merveille et trouverait admirable, « lorsqu'on croit arriver au terme, de n'être encore qu'au début ». Pour nous, une solution n'est acceptable et vraie que lorsqu'elle résout la question pendante jusqu'au bout, comme devra le faire celle que nous allons tâcher de substituer à la précédente, et que nous demanderons à la théorie *psychique*.

2° On connaît notre triple division des puissances

radicales en Sens, Intellect et Esprit. Supposons que la *nature* soit l'œuvre spéciale du sens radical: la cause opposée que nous cherchons sera l'œuvre spéciale de l'Intellect; et nous la nommerons, par opposition à la *nature* qu'elle vient plus ou moins contrarier, la *liberté*. Ce n'est pas à dire pour cela que la nouvelle force doive être nécessairement perturbatrice, mais elle pourra l'être. Elle sera *conservatrice* quand elle s'effacera volontiers devant la nature, pour la laisser seule agir ; elle sera *perturbatrice*, quand elle tentera de s'y substituer au contraire, pour en subordonner le cours à ses caprices ou fantaisies. Et, si nous imaginons alors de prendre ensemble les deux manières d'agir de la Liberté par *abstention* ou par *intervention expresse*, nous pourrons bien dire sans exagération qu'elle *est vraiment le principe de tout le devenir* ou qu'elle résume en soi toutes les origines ; car, quand elle s'annule, elle est cause que la nature garde ou reprend son cours ; et quand elle s'impose à la place de la nature, elle est cause que le cours primitif en apparaît désormais modifié plus ou moins gravement en sens, direction ou vitesse.

Après désignation de la nouvelle force opposable à la Nature, occupons-nous de déterminer les rapports de l'une à l'autre. Ne cessant point de voir dans le *Sens* radical le siége de la *Nature* et dans l'*Intellect* le siége de la *Liberté*, nous trouvons d'abord l'une et l'autre semblables, en ce qu'elles sont, chacune, applicables aux trois degrés de la puissance 1^3, 1^2 et 1^1, comme les deux personnalités mêmes qui leur servent de siége. En effet, puisque le Sens radical doit être évidemment exempt de toute entrave et de toute prévention capable d'en vicier l'exercice primitif tant qu'il s'inspire exclusivement de sa rectitude et de son innocence originaires, ni l'Intellect ni l'Esprit n'y sauraient rien trouver à redire; et, concourant alors volontiers à tous ses actes, s'ils n'en sont pas les acteurs, ils en sont au moins les fauteurs : les premiers actes du Sens, réalisés avec le simple concours, non actif mais passif, de l'Intellect et de l'Esprit, sont donc, indirectement au moins, des actes complets et du troisième degré, que nous nommerons en conséquence *moraux* et figurerons par l'expression 1^3. Cela posé, qu'est-ce qui pourrait nous empêcher d'admettre que l'Esprit, suffisamment satisfait par la réalisation de l'ensemble ternaire précédent, se désintéresse de l'agir ultérieur des deux autres puissances, et laisse ainsi le Sens et l'Intellect maîtres de contracter entre eux de simples rapports binaires, *neutres* à son égard ? Alors, le Sens, agissant de nouveau seul, mais non sans le concours au moins passif de l'Intellect, émet — grâce à ce concours indirect — des actes moyens ou du second degré, que nous nommerons cette fois *rationnels* et figurerons par l'expression 1^2. Enfin, comme l'Esprit a pu déjà se désintéresser, après la réalisation des ensembles ternaires, de tous les ensembles binaires spécialement réalisables entre Intellect et Sens, l'Intellect peut bien se désintéresser de même, à son tour, de tout exercice ultérieurement réalisable par le Sens seul ; et les actes singuliers de cette dernière puissance seule sont alors de simples actes *physiques* et du premier degré, figurables par l'expression 1^1. Puisque tous les actes que nous venons de passer en revue sont réalisés par le Sens seul actif, ils sont tous *naturels* ; mais pourtant il existe une grande différence entre les *moraux*, les *rationnels* et les *physiques*, et cette différence provient du degré d'exercice auquel cette puissance est obligée de se porter pour les réaliser.

Ce que nous venons de dire du Sens peut se dire actuellement de l'Intellect. Quand l'Intellect agit originairement sans entraves ni prévention d'aucune sorte, il agit *librement*, comme le Sens agissait naguère *naturellement* dans les mêmes conditions : il agit donc alors avec l'agrément ou le concours au moins passif de l'Esprit et du Sens, et tous ces premiers actes sont des actes moraux et du troisième degré, $= 1^3$. Immédiatement après, le Sens, se désintéressant le premier de tout exercice ultérieur intellectuel, permet à l'Intellect de contracter avec l'Esprit, moins prompt à s'isoler de lui, des ensembles binaires dont le mot de *convenance* nous semble mieux désigner, que celui de *rationalité*, le caractère spécial; et les actes intellectuels alors émis sont donc des actes de liberté moyenne et de second degré, = 1². Enfin, l'Esprit se retire à son tour de l'association; et l'Intellect, agissant seul désormais, ne réalise plus que des actes *arbitraires* et du premier degré, = 1¹. Puisque tous les nouveaux genres d'actes que nous venons d'énumérer sont émis par le seul Intellect, siége ou foyer radical de liberté, tous doivent être évidemment réputés *libres*, et cependant leur liberté respective n'est jamais la même; car il s'en faut bien qu'on puisse confondre ensemble les actes de *moralité*, de *convenance* et d'*arbitraire*. Veut-on en bien préciser le caractère, le meilleur moyen est encore de s'attacher à les différencier par le degré d'exercice auquel la puissance intellectuelle est obligée de se placer pour les réaliser.

Nous voilà donc en présence de trois sortes d'actes *naturels*, issus du Sens : les *moraux*, les *rationnels* et les *physiques*, ainsi que de trois sortes d'actes *libres*, issus de l'Intellect : les *moraux*, les *convenants* et les *arbitraires*; et de nouveau nous avons à comparer entre elles toutes ces diverses sortes d'actes *libres* et *naturels*, pour pouvoir les classer ensuite d'une manière utile au but que nous nous proposons d'atteindre. Là-dessus, il nous semble d'abord à peu près évident que les actes *moraux* libres et les actes *moraux* naturels doivent être compris dans une seule et même classe, puisqu'ils sont tous à la fois de même espèce, obligation et degré. De même, il nous semble à peu près évident encore que les actes *physiques* du Sens et les actes *arbitraires* de l'Intellect, quoique tous du même ou du premier degré, diffèrent essentiellement les uns des autres. Car les actes *physiques*, naturellement ou nécessairement issus du Sens, apparaissent originairement reliés entre eux avec une telle intimité qu'il est vraiment impossible de les isoler de la puissance même qui les émet en apparence de son sein ; c'est pourquoi, bien qu'ils s'en distinguent, ils ne s'en séparent point et doivent être regardés comme de simples manières d'être *imaginaires* flottant à sa surface. Au contraire, les actes *arbitraires* librement ou volontairement émis par l'Intellect apparaissent originairement tellement indépendants ou *réellement distincts* les uns des autres, que, leur voulant trouver un point commun de ralliement, on peut tout au plus les rapporter au type abstrait d'une raison imaginaire, bien différente de l'Intellect réel ou personnel, au sein duquel ils sont réalisés. Autant il existe alors d'actes *arbitraires* émis, autant il existe de positions *singulières* différentes ; et tandis que tous les actes *physiques*, imaginaires, se résument en un seul Sens *réel*, tous les actes *arbitraires*, réels, se résument en un seul Intellect *imaginaire*.

Comparons maintenant entre eux les actes moyens *rationnels* et *convenants*. Entre ceux-ci, l'union est clairement moins intime qu'elle ne l'était naguère entre les *moraux* reconnus réductibles en un seul genre; mais l'opposition est aussi loin d'égaler celle qui règne entre les *physiques* et les *arbitraires* déclarés tout à l'heure absolument irréductibles. Occupant alors une sorte de position intermédiaire entre ces deux cas extrêmes, les actes moyens *rationnels* et *convenants* sont surtout remarquables comme constitués de deux *genres* différents (Esprit ou Sens), et d'une seule *espèce* (l'Intellect), d'où il résulte qu'ils sont toujours, au moins en principe, *formellement* unis. Et pour lors, ou cette union *formelle* habituelle est assez tenace et puissante pour les relier jusqu'à ce que, à bout de temps et d'efforts, l'union *morale*, d'abord subsistante en germe et depuis toujours croissante, éclate au grand jour et la remplace par là même en y substituant l'état parfait; ou bien la même union *formelle* habituelle se désorganise chaque jour de plus en plus et finit par aboutir à l'état radical et définitif d'*isolement* absolu, sous le sceptre chimérique d'une raison imaginaire, mais très-réel et très-pesant, du Sens un et radical. Les deux sortes d'actes moyens *rationnels* et *convenants* sont donc une institution provisoire confinant, d'une part, avec l'état d'union parfaite où tout est dans tout, et d'autre part, avec l'état de dénuement complet où rien ne tient à rien.

3º Ces deux états d'union parfaite et de dénuement complet ne sont point évidemment de ce monde que nous habitons ; nous pouvons donc sans difficulté reléguer le premier par-delà les étoiles, le second au fond de l'abîme, et réserver pour théâtre respectif des actes *rationnels* et *convenants* le ciel étoilé que nous voyons au-dessus de nos têtes et le globe terrestre que nous foulons aux pieds. Il est essentiel aux auteurs de ces actes d'être doués de Sens, d'Intellect et d'Esprit, ou, pour tout dire en deux mots, d'être *libres*. De plus, pour être libres, ces mêmes agents doivent exister objectivement (au double point de vue du dehors et du dedans, ou de l'espace et du temps), au second degré de la puissance 1^2, et par là même être indifféremment applicables (comme toutes les forces du second degré) sous la forme de l'une ou de l'autre des quatre sections coniques : cercle, ellipse, parabole et hyperbole. Or, nous ne trouvons toutes ces conditions d'exercice intelligent, *libre* ou *personnel*, réunies, que chez les hommes en terre ou chez les astres dans les cieux. Donc nous pouvons nous fonder sur le fonctionnement même de ces deux classes d'êtres pour savoir ce qu'ils sont, d'où ils viennent et où ils vont.

Il est bien clair, maintenant, que si ces deux classes d'êtres s'étaient toujours conservées dans l'esprit de leur première institution, elles évolueraient l'une et l'autre dans un ordre aussi varié dans son uniformité qu'uniforme dans sa variation. Cette harmonie n'existant point, force est d'admettre alors une déviation qui peut être *héréditaire* ou *collective*, et nous sommes d'avis que, comme elle ne peut être qu'héréditaire pour les hommes en terre, elle ne peut être inversement que collective pour les astres ou les anges aux cieux. Dans ces deux cas, voici notre raisonnement.

Dès sa naissance, l'homme croit aveuglément à l'*absolue* réalité du monde extérieur; c'est une erreur très-pernicieuse, au point de vue moral. Mais l'homme, n'ayant pu pécher avant de naître, ne peut être sujet à cette erreur, en quelque sorte innée, que par la faute de ses parents. Elle subsiste donc réellement en lui comme un vice héréditaire.

Au contraire, l'ange ne naît point de parents ; et, quelle que soit l'inégalité de masse, de volume ou d'éclat entre les astres, on ne saurait dire que cette inégalité de simple fait implique, entre les forces personnelles dont ils sont animés, une différence radicale de nature. Donc, ici, nulle déchéance héréditaire n'est possible; et, si l'ange apparaît aujourd'hui vicieux, ou bien il est sorti tel des mains du Créateur, ou bien il s'est vicié lui-même. Or, l'état de la *force vive* chez les astres prouve que souvent leur nature est aujourd'hui viciée ; ce vice ne tient point à leur espèce ou ne vient point immédiatement du Créateur, puisqu'il n'est pas général. Donc il provient exclusivement de faute personnelle.

Cette proposition : *Les êtres du système solaire se sont mis eux-mêmes en l'état où ils sont*, sera maintenant ici notre point de départ ; car, ce point capital une fois admis, il ne s'agit plus que de l'exposer en détail.

Cassagnoles, le 15 avril 1878.

ORIGINE
DES
MÉTÉORITES ET AUTRES CORPS
CÉLESTES

1. En lisant, après la publication du n° 7 de la précédente série (Géologie), le beau mémoire de M. Daubrée sur les *Météorites*, nous fûmes beaucoup frappé de l'extrême réserve gardée par l'éminent Auteur sur l'origine de ces Corps singuliers ; mais nous le fûmes encore plus de la raison de cette réserve indirectement fournie dans la citation suivante de Chladni, dans laquelle, pour motiver son propre silence sur cette question, ce dernier dit : «L'aveu de son ignorance est, sans doute, la meilleure réponse qu'on puisse faire à quiconque demanderait comment de semblables masses ont pu se former ou demeurer dans cet état d'isolement ; car c'est à

peu près comme si l'on demandait *l'origine des corps célestes.*» Certainement, si, comme tout porte à le croire, les météorites sont vraiment d'origine extra-terrestre (et non de simples exhalaisons de la terre subitement condensées dans l'atmosphère), la question de leur origine absolue ne peut aucunement se séparer de celle même concernant l'origine de tous les corps célestes en général, dont elles offrent toujours, aux dimensions ou propriétés physiques près, les plus remarquables caractères sidéraux, tels que l'*indépendance* et la *vitesse* : et nous concevons alors très-bien que, au cas où l'on n'a nulle explication à donner de l'existence de ces derniers corps, l'existence des premiers doit apparaître elle-même inexplicable. Mais, par la même raison, s'il est jusqu'à un certain point possible de rendre compte de l'existence des corps célestes de l'ordre le plus élevé, pourquoi ne pourrait-on également rendre compte de l'existence de ceux d'ordre inférieur sans doute, mais pourtant analogues d'ailleurs à tous égards? Prenons pour exemple les individualités prises dans les classes extrêmes des deux règnes végétal et animal.

— 23 —

Un arbuste est évidemment aussi possible que l'arbre le plus gigantesque, et la possibilité du ciron égale celle de l'éléphant. Concevant donc l'existence des végétaux ou des animaux du premier ordre, on est par là même en état de concevoir l'origine des végétaux ou des animaux de l'ordre le plus bas. Nulle différence de grandeur relative n'invalide les conséquences d'une étroite conformité de nature réelle. Ainsi, les deux questions de l'origine des corps célestes en général et de l'origine des corps célestes particuliers dits *bolides*, et nous apparaissant extraordinairement par fragments inégaux sous la forme de *météorites*, se confondent décidément en une seule, et, suivant qu'on espère ou désespère de résoudre l'une, on doit pareillement et du même coup espérer ou désespérer de résoudre l'autre.

La réciproque dépendance des questions concernant les petits et les grands corps célestes nous était à peine signalée par le mémoire précité, qu'elle nous suggérait la pensée d'appliquer aux météorites la méthode d'explication appliquée déjà par nous (2ᵉ série, n° 7, § 8) à la Terre, et par la Terre à toutes les Planètes ainsi qu'aux Satellites et aux Soleils. Au lieu d'admettre en effet, avec Chladni, que l'homme est radicalement incapable d'entrevoir le principe des grands corps célestes, Soleils, Planètes et Satellites, nous avons expressément admis là le contraire, et prétendu reconnaître ce principe en la *Raison* absolue réalisant ces grands corps dans l'ordre des termes potentiels 1^3, 1^2, 1^1. Effectivement, on n'a pas de peine à concevoir que tout d'abord, de même que la lumière *naturelle* est ou peut être à la fois lumineuse, électrique et calorifique, de même encore la Raison *naturelle* soit à la fois intellectuelle, spirituelle et sensible, ou bien formelle, virtuelle et réelle. Quand, donc, elle agit ou se détermine en principe, elle agit ou se détermine avec plénitude en tout Sens; et ses œuvres ne manquent de rien en extension et en intensité, sauf leur subordination respective actuelle, proportionnelle aux trois degrés 1^3, 1^2 et 1^1; car cette subordination, exclusivement *relative externe*, est évidemment aussi rationnelle que l'est déjà par hypothèse leur distinction ou position absolue *réelle interne*. Si donc, pensions-nous alors, nous avons pu déjà trouver dans notre méthode un moyen d'expliquer l'origine des grands corps célestes, pourquoi ne pourrions-nous en déduire semblablement l'explication des petits ? Un premier succès en promet toujours un autre pareil.

2. Cependant, malgré ces très-plausibles motifs de confiance, il existait une difficulté de prime abord assez embarrassante. Car, entre les êtres spécialement déjà considérés et nommés *Soleils*, *Planètes*, *Satellites*, il existe un ordre de subordination qui permet de passer facilement d'un genre à l'autre, tandis qu'on ne saurait rien assigner de semblable entre les autres êtres célestes de moindre importance, tous divisibles ou fragmentables, nommés *comètes* et *bolides*, dont les derniers seuls nous sont immédiatement abordables par leurs débris, les météorites. Ainsi que nous l'avons admis en effet en la page 27 du n° 7, les Soleils, les Planètes et les Satellites se rangent par degrés respectifs comme les termes de l'équation $\frac{t^2}{j^2} = 1'$ où l'on voit d'inspection comment peut pratiquer instantanément et par

alternation leur transformation incessante, nécessairement alors uniforme pour tous. Rien de pareil n'existant au contraire entre les êtres *cométaires* ou *bolidiques*, essentiellement différents les uns des autres sans règle assignable *à priori*, l'arbitraire manifeste en leur constitution ne laisse plus subsister entre eux que des formes abstraites de ressemblance ou de ralliement; c'est pourquoi, tandis que le précédent semblait obéir aux lois vraies d'une raison *absolue* mathématique, les derniers accusent à peine celles d'une Raison *relative*, abstraite, imaginaire. En présence de cette différence incontestable entre les soleils, planètes ou satellites, d'une part, et les comètes ou bolides, de l'autre, nous sommes assurément forcé de leur reconnaître en principe une Raison *distincte* de *fait*; mais nous avons au moins l'avantage de leur trouver en même temps, de *fait*, une Raison *commune* en *principe*. Cette dernière Raison *commune* en principe n'est pour eux, il est vrai, qu'une Raison *formelle*, abstraite, imaginaire; mais elle n'est pas nulle pourtant, et, pouvant en conséquence passer pour absolue sous ce rapport, elle reste apte à faire l'union passagère anticipée des deux classes de corps célestes *réguliers* et *irréguliers*, rendus dès ce moment distincts par des caractères réels, irréductibles ; et, par suite, leur trouvant de fait une Raison commune en principe, nous pouvons les faire tous dériver de la Raison même, en observant que les uns persistent seuls à suivre ses lois, quand les autres s'en écartent plus ou moins dès le premier pas, pour s'abandonner aux aventureuses inspirations de mobiles ou de caprices accidentels.

3. Les corps célestes se divisent donc *à priori*, pour nous, en *irréguliers* et *réguliers*. Les corps *réguliers* sont ceux qui se rattachent l'un à l'autre par un lien de *subordination* naturel, comme on le conçoit entre les termes à exposants décroissants 1^3, 1^2 et 1^1, avant l'apparition de tous rapports *collatéraux* possibles entre pareils ; — les corps *irréguliers* sont ceux qui se laissent principalement influencer par les mêmes rapports *collatéraux* variables de l'un à l'autre ; — et, quoique alors la Raison, la même Raison absolue, les fonde ou même les inspire *tous également* en principe, ils ont à peine entre eux ce premier

moment de ressemblance, car, ce premier moment une fois écoulé, les *réguliers* se signalent par leur opposition à tous écarts singuliers de l'ordre rationnel originaire, tandis que les *irréguliers* affectent au contraire de s'en éloigner sans mesure ni fin.

Puisque tous les êtres célestes ont incontestablement en principe et de fait la Raison absolue pour fondatrice et directrice, ils ne diffèrent point *originairement* entre eux, mais ils commencent à différer réellement dès qu'ils font *pour la première fois* acte propre d'élection ou de vouloir, ou bien qu'ils entreprennent d'entremêler leur propre exercice à l'œuvre de la Raison naturelle originaire. Comme douée de *spontanéité* propre, tous font originairement acte d'élection ou de vouloir; mais, en tant que les *réguliers* usent seulement de leur spontanéité pour la renier en quelque sorte de suite par leur renoncement à sortir de l'état primitif, ils ne paraissent point évidemment en user et ne font consister leur activité naissante qu'à demeurer indéfiniment (en apparence) inactifs ou passifs. Au contraire, les *irréguliers*, entremêlant leur action propre à celle de la Raison naturelle originaire et l'affublant par là même de formes auparavant inusitées, changent évidemment le cours naturel des choses en un autre indéfini ou fini le continuant ou prolongeant, et paraissant même l'agrandir ou l'étendre, mais le restreignant toujours en réalité plus ou moins en immanence ou portée réelle ; et, comme ils donnent par là même occasion à la première apparition *objective* des formes spatiales et temporelles, ils introduisent, dans la nature, des changements actuels qui seraient sans cela restés perpétuellement imaginaires. Ce ne sont donc point les êtres *réguliers* qui rendent la contingence apparente ou sensible, ce sont plutôt les êtres *irréguliers* ; et plus, alors, les êtres sont irréguliers, plus ils mettent à jour les événements d'abord seulement accomplis en esprit chez les réguliers, dont les relations virtuelles semblent fuir la lumière pour mieux se maintenir en leur plénitude et pureté radicales. Ce n'est pas qu'ils manquent de naïveté ni de franchise ; mais la retenue leur est innée, comme la modestie l'est au mérite réel, et le désintéressement à la vertu.

Par là l'on conçoit donc que pour expliquer l'existence de tous les corps célestes en général, le meilleur moyen est de commencer par ceux qui semblent les moins explicables, ou bien les corps irréguliers *météoritiques* ou *cométaires*.

4. Considérant d'abord les météorites, nous établirons cette proposition, très-contradictoire en apparence, mais au fond bien certaine : que ces corps *viennent* et *ne viennent pas* de l'infini.

Réfléchissons attentivement ici sur ce qu'on peut vouloir exprimer par une prétendue sortie de l'infini. Manifestement, il n'y a point de sortie réelle qu'on puisse réputer venir ou dater de l'infini en espace ou temps ; et, bien qu'alors on doive présupposer l'infini au fini, l'on ne conçoit point pour cela ce dernier *infiniment* distant de son principe ; on l'en conçoit seulement *plus* ou *moins* éloigné, comme réellement distinct. La notion du fini procède donc comme impliquant en soi, *réunies*, les deux idées de distinction *réelle* et de distance *finie*. En tant que vraiment distinct de l'infini, le fini réel en est, en *raison*, infiniment distant ; mais, de *fait*, il n'en est jamais séparé que par une distance finie¹, puisque une longueur réelle infinie n'est pas possible. L'infinité vraie n'est jamais qu'une infinité de raison, non de fait. Comme *rationnellement* produit par l'infini, le fini en *vient* sans doute ; mais, comme toujours installé *sensiblement* on lui plus ou moins *près* de son centre originaire actuel, il n'en apparaît pas venir et lui semble seulement *coexister*, en s'en différenciant par le moindre degré de son exposant ou par la grandeur de son écart.

Nous savons déjà que ce moindre degré d'exposant ou cette quantité variable d'écart dépendent (en principe) de la seule Raison absolue s'exerçant avec une complète indépendance du dehors, et par conséquent libre d'employer arbitrairement à son œuvre toute sorte de vitesses, pourvu que toutes ces vitesses se subordonnent à l'Unité radicale à laquelle on ne peut supposer

---

¹ De même que la distance *sensible* d'une créature à son principe divin est finie, la distance *sensible* d'une puissance radicale à l'autre, et par suite de l'être *humain* à *l'angélique*, doit être aussi (quoique très-grande, inassignable même) finie.

la vraie Raison faire jamais défaut, et qu'elles gardent ainsi toujours entre elles même *rhythme* ou *mesure*. Mais, tandis qu'alors l'Unité radicale règne ou plane sur tout, la variété ne ressort point ou passe inaperçue ; et par suite le Sens, non stimulé et languissant, peut se sentir le besoin de rompre l'uniformité primitive pour s'ouvrir des carrières nouvelles favorables à ses goûts pour les distractions ou les plaisirs. Si, cédant à ces velléités d'innovation, les êtres finis avaient le soin de ne s'avancer pour ainsi dire que d'un pied en pays inconnu, conservant par là même leur autre pied dans l'ornière éternelle, ils pourraient goûter effectivement des plaisirs nouveaux sans risquer de déchoir ; mais, ne survenant jamais sans s'accompagner de démangeaisons ou de dégoûts, ces plaisirs nouveaux entraînent malheureusement la formation de nouveaux souhaits dont l'assouvissement pervertit de plus en plus le bon vouloir interne, jusqu'à le rendre tout à fait esclave de ses propres mouvements ou des attraits sensibles extérieurs ; et, dès ce moment, les êtres que la Raison n'éclaire ni n'inspire plus, toujours déçus et semblables au roi d'Ithaque courant après l'image fugitive de sa patrie absente, se flattent en chaque instant d'avoir entre leurs mains ce bonheur, objet de tous leurs vœux, dont pourtant ils ne tiennent et n'embrassent que l'ombre.

5. Dans nos explications sur l'origine de la terre (n° 7...), nous avons pris *absolument* cette planète, quand nous l'avons définie un *esprit pur*, une *force en mouvement*. Envisagés au même point de vue, tous les êtres célestes sont susceptibles de la même définition. Une météorite, ou mieux le bolide dont elle provient, est donc aussi, radicalement, un *esprit pur*, une *force angulaire*. Mais la terre est un très-grand corps; et la météorite ou le bolide dont elle provient est au contraire un très-petit corps: sera-ce une raison d'en nier l'originaire parité? Nullement, car nous avons très-bien compris déjà (§ 1) que la grandeur ou la petitesse des êtres n'influent aucunement sur leur nature ou qualité réelle; et quand il en existe de grands, le besoin de contraste peut être une raison suffisante d'en ériger à côté de petits.

Maintenant, s'il existe entre la Terre et tous les astres du firmament en général, d'une part, et les météorites ou mieux les bolides dont elles proviennent, de l'autre, le premier point commun et fondamental de relation que nous venons de signaler, il existe entre ces mêmes corps des différences non moins essentielles ou caractéristiques en motivant (sans préjudice de leur préalable réduction sous un même type radical) la distribution sous plusieurs types spéciaux irréductibles ; et, pour la clarté des idées, il peut être alors utile ou même indispensable de chercher à les classer régulièrement en les rangeant par degrés dans l'ordre qui leur convient. Dans ce but, nous allons passer sommairement en revue les divisions générales, spéciales ou particulières, toujours présupposées l'une par l'autre, dans lesquelles ils peuvent trouver place ou plus haut ou plus bas, suivant qu'on monte ou descend dans la série des termes.

6. La notion la plus générale de tout être réel est celle par laquelle on le définit une *identité de sujet et d'objet*. Tout être peut et doit donc être

considéré séparément sous ses deux faces *objective et subjective*.

A) *Subjectivement* envisagé, tout être réel sans exception fait incessamment acte des trois puissances radicales *sensible*, *intellectuelle et spirituelle*, ou bien est à la fois et constamment *sentant, pensant et voulant*.

B) *Objectivement* envisagé, le même être peut offrir ou ne pas offrir la même plénitude d'exercice potentiel, et se ranger en conséquence sous trois types divers, qui sont ceux de *Sens spirituel*, d'*Intellect intelligent*, et d'*Esprit sensible*.

α) Le type (objectif) de *Sens spirituel* est celui des êtres faisant *objectivement* à la fois acte d'*Esprit*, d'*Intellect* et de *Sens*, ou bien (pour employer ici des termes empruntés à l'ordre physique) jouant à la fois les trois rôles d'agent *électrique*, *lumineux* et *calorifique*. Tous les corps lumineux par eux-mêmes et pouvant servir de centre à des systèmes d'astres subordonnés (planétaires ou autres), comme le Soleil et les étoiles, appartiennent à ce premier type.

β) Le type (objectif) d'*Intellect intelligent* est

celui des êtres qui, cessant déjà de fonctionner *objectivement* comme *esprits*, font seulement à cet égard acte d'*Intellect* et de *Sens*, ou bien (pour revenir à l'emploi des termes empruntés à l'ordre physique) réunissent les deux rôles d'agent *lumineux* et *calorifique*. Les corps célestes appartenant à ce second type sont les planètes et même le soleil considéré comme planète.

γ) Le type (objectif) d'*Esprit sensible* est celui des êtres qui, ne pouvant faire *objectivement* acte d'*Esprit* ni d'*Intellect*, sont réduits sous ce rapport à faire acte de *Sens*, ou bien (pour continuer d'appliquer aux faits de l'ordre naturel le même dire) descendent au simple rôle d'agent *calorifique*. Les satellites et les planètes ou le soleil considérés sous les mêmes aspects que les satellites, appartiennent à ce troisième type.

7. Les principaux aspects sous lesquels il est possible d'envisager les êtres ou corps célestes étant une fois énumérés et classés, nous devons nous occuper de les interpréter ou d'en indiquer la signification précise ; voici cette interprétation.

D'abord, dans l'*Identité du subjectif et de l'objectif*, il faut voir l'exacte représentation des *personnalités* qui, chez les corps sidéraux comme chez les corps humains, constituent bien toute la réalité des termes jouant les uns envers les autres les deux rôles contraires de sujet et d'objet. Car, sans la présence des personnalités absolues, tous ces rôles deviendraient imaginaires ; le réel en eux n'est donc pas la *fonction*, mais l'*âme* ou l'*être conscient* qui la sous-tend.

Après cela, prenant en spéciale considération le subjectif et l'objectif, mais nous attachant d'abord au *subjectif*, nous voyons en lui l'être personnel toujours fonctionnant à la fois par l'Esprit, l'Intellect et le Sens, et par conséquent toujours figurable par la formule 1^3 à laquelle il est égal. Cependant, comme là la subjectivité personnelle ou dominante peut être aussi bien le Sens que l'Intellect ou l'Esprit, nous devons admettre l'existence de trois personnalités radicales égales entre elles, comme Sens $= 1^3$, l'Intellect $= 1^3$, et l'Esprit $= 1^3$. Quand il s'agit d'actes libres rationnels, la puissance personnelle spécialement en fonction est l'Intellect.

Quant à l'*objectif*, nous l'avons dit, pour chaque puissance personnelle, successivement égal, quand il réunit les trois fonctions spirituelle, intellectuelle et sensible, à 1^3, — quand il n'en offre plus que deux, à 1^2, et quand il est réduit à une seule, à 1^1. Et, voulant alors indiquer l'emploi de ces divers aperçus, nous avons montré le premier réalisé dans le Soleil, centre-foyer de tout le système solaire ; le deuxième, dans le même soleil considéré cette fois comme simple foyer d'orbites elliptiques ; et enfin le troisième, en tout corps du même système envisagé comme simple principe d'action, tel que les satellites. En effet, le Soleil, centre-foyer de tout le système solaire, possède une pleine puissance en embrassant à la fois toutes les trois dimensions et par conséquent égale à 1^3 ; le soleil, foyer d'ellipse, est doué d'une force vive ou motrice occupant tout le plan de l'ellipse décrite, et par conséquent égale à 1^2 ; et tout corps céleste du même système, n'importe lequel (soleil, planète ou satellite), comme parcourant par hypothèse librement sa trajectoire en principe, indépendamment de la faculté qu'il peut avoir d'ailleurs (à titre de foyer) d'opter entre les deux directions centripète et tangentielle ou leur résultante, peut offrir encore celle d'avancer ou de reculer à son gré sur sa trajectoire, et fonctionner par là même comme puissance égale à 1^1 ou du premier degré. Toute puissance réelle offre donc *objectivement* un décroissement objectif de degrés dont elle n'est point *subjectivement* susceptible.

8. Érigeant ici par hypothèse l'Intellect en exemple ou type de puissance absolue, nous pouvons donc le poser désormais comme *créateur* sous la forme 1^3, ou *force vive* sous la forme 1^2, ou simple *principe d'action* sous la forme 1^1. Réunissant en lui-même les deux fonctions *subjective* $= 1^3$ et *objective* $= 1^3$, il est l'Intellect radical ou *divin*, applicable à son gré suivant les trois axes de la sphère; mais, réunissant en lui-même à la fonction *subjective* $= 1^3$ l'objective $= 1^2$, il est seulement l'Intellect *angélique* ou secondaire, libre de choisir entre les deux directions centripète et tangentielle ou leur résultante ; et, réunissant enfin en lui-même à la fonction subjective $= 1^3$ l'*objective* $= 1^1$, il est l'Intel-

lect *humain* élémentaire ayant seulement le choix entre les deux sens progressif ou régressif dans les deux directions centripète et tangentielle, suivant les trois axes de la sphère pris deux à deux.

Maintenant, l'Intellect radical ou *divin*, égal à 1^3 au dedans et à 1^3 au dehors, est toujours sain, puisqu'il est adéquat à l'activité radicale tout entière, et par conséquent incessamment inspiré de son principe, le Sens, ainsi que de sa fin, l'esprit.

Si l'Intellect *angélique* ou secondaire, potentiellement égal à 1^3 au dedans et à 1^2 au dehors, avait le soin de se tenir pareillement en étroite union intime avec son prédécesseur l'Intellect divin, ou bien ne cessait jamais de se confondre au moins *subjectivement* avec lui par sa scrupuleuse attention à maintenir son *objectivité* respective 1^2 au rang de simple accident, il serait et resterait perpétuellement sain encore ; mais il peut, s'il lui plaît, sortir de cette réserve, et, s'appropriant plus qu'il ne devrait son objectivité de contingence, vouloir l'accommoder capricieusement à ses propres idées en changeant à son gré les rapports primitifs des deux forces centripète et tangentielle : constitué par cette simple tentative en état de collision incessante avec l'Intellect divin qui devrait être sa règle, il devient donc immédiatement irrégulier ou déchoit sans retour de sa rectitude originaire.

Mais l'Intellect angélique ou moyen n'est pas seul à pouvoir nous offrir le spectacle de cette déchéance; l'Intellect *humain* ou du plus bas degré peut vouloir l'imiter en substituant, au *sens* des mouvements préétablis ou radicaux, des *sens* contraires plus conformes à ses goûts individuels; et de cette manière, s'il n'est pas assez puissant pour changer le cours naturel des choses, il peut ou moins, par sa défaillance intempestive, en aggraver les complications et retarder la marche.

C'est évidemment par insubordination que les deux Intellects *angélique* et *humain* se constituent en état d'hostilité flagrante avec l'Intellect *divin* ou radical; l'occasion ou l'excitation à cet acte ne peut se trouver que dans la contingence et la variété des situations *objectivement* réalisées, dont le contre-coup se fait ressentir au dedans. Effectivement, un double danger ressort de ces situations : le *premier* provient de l'*entraîne-*

ment subjectif subi par toute force vive en mouvement sous forme de résultante, puisque toute résultante l'emporte virtuellement sur chacune de ses deux composantes séparément envisagées; le *second* surgit des *intérêts multiples et variables* éveillés en toute rencontre fortuite d'êtres aux trois points de vue *spirituel*, *intellectuel* et *sensible*. Tous les êtres personnels sont d'abord prédisposés à s'associer par leurs tendances *morales* vraiment innées; mais à peine sont-ils entrés moralement en relation, qu'ils ont lieu de se reconnaître, les uns ou les autres, plus ou moins favorisés ou jouissant d'avantages *sociaux* exceptionnels, souvent autant dépendants de l'art que de la nature; de plus, si ces relations deviennent plus intimes et se poussent jusqu'aux actes *physiques* de contact ou autres analogues, elles peuvent être une source de plaisirs enivrants ou de douleurs inattendues; et tous ces biens ou ces maux une fois reconnus peuvent faire naître des goûts ou des sentiments ainsi que des revirements de volonté dont la pensée ne se fût jamais offerte hors des mêmes rencontres.

N'importe que les êtres personnels se rencontrent (ou deviennent des objets de mutuelle aperception) par l'Esprit, par l'Intellect ou par le Sens : dès qu'ils se perçoivent, ils s'excitent les uns les autres suivant qu'ils sont prédisposés, les divins moralement, les angéliques intellectuellement, et les humains sensiblement. Mais, par défaut de subordination aux divins, les angéliques se corrompent ; par défaut de subordination aux divins et aux angéliques tout ensemble, les humains font plus que se corrompre, ils courent plus ou moins prochainement à leur ruine entière ; et l'on en peut voir déjà la raison en ce que, dépourvus de toute direction constante, ils ne se prêtent plus, les uns ou les autres, qu'à des mouvements de simple *sympathie* réciproque, aussi peu solide et durable que les rencontres où elle se produit ; c'est pourquoi, manquant de toute orientation finale, ou ces êtres dénaturés flottent désormais à tout vent, comme les *comètes*, ou bien ils subissent servilement le joug de la première puissance solidement établie qui se trouve placée sur leurs pas, comme les *météorites*.

9. Tous les êtres circulant dans l'espace ne sont donc pas ce qu'ils devraient être, et, comme étant de ce nombre, nous venons de nommer les *météorites*. Ces corps célestes, dont l'apparition toujours imprévue s'accompagne des phénomènes les plus insolites, tels que détonation ou déflagration, se démontrent vraiment, par leur extrême vitesse aussi grande que celle des planètes, appartenant au monde solaire, et par suite *originairement* indépendants les uns des autres comme des planètes elles-mêmes. Après l'indépendance et la vitesse, nous ne saurions guère cependant assigner entre eux et les planètes d'autres caractères communs; car, au lieu, par exemple, qu'en terre on trouve presque partout la vie et l'organisation, ou la cristallisation au moins, dans les débris des météorites qu'on a pu recueillir, rien n'accuse de pareilles constructions, lors même que les composés matériels paraissent formés d'éléments identiques. Ainsi, dans les terrains carbonifères terrestres, les fossiles ne manquent pas; et, dans les matières charbonneuses météoritiques, on n'en découvre pas la moindre trace. Cette absence complète de formes

végétales ou cristallines peut avoir une signification élevée que nous ne saisissons pas ; mais, à coup sûr, elle ne contredit en rien l'idée d'une dégradation initiale et volontaire. Ramenant alors les météorites à leur origine et les définissant en conséquence, nous les caractériserons comme des êtres infidèles à leur rôle natif[1], qui, créés, par exemple, à l'état de satellite, ont ambitionné celui de planète, ou, créés à l'état de planète, ont ambitionné celui de soleil..., et, par suite de leur spontané renoncement à leur état natif, n'ayant pas plus finalement l'ambitionné que le natif, sont réduits aux plus bas degrés possibles de l'existence sous la forme de poussière ou de matière brute.

Les astronomes ou géologues, au lieu de porter leur attention sur l'anomalie du rôle *virtuel* (qui est vraiment le principal) des météorites, ont paru seulement préoccupés de l'exiguïté *physique* de ces corps errants comparés aux grands corps célestes réguliers; et, s'étonnant alors avec raison

---

[1] *Non servaverunt suum principatum, sed dereliquerunt suum domicilium.* Jud., 6.

d'une disparité si considérable, ils semblent s'être dit : Comment des êtres aussi chétifs se rallieraient-ils systématiquement aux immenses soleils ou aux colossales planètes peuplant de temps immémorial le firmament?... Il vint bien un moment où, pour combler le vide entre ces énormes corps et les exiguës météorites, on découvrit la série, depuis toujours croissante, des petites planètes ; mais ces petites planètes ressemblent encore trop aux grandes pour ne point laisser subsister entre elles et les météorites un incommensurable intervalle, d'où il s'ensuivait que ces dernières continuaient d'être reléguées, au dehors de l'assemblée des astres, parmi les concrétions accidentellement formées (à l'instar de la grêle ou de la pluie) dans notre basse atmosphère. Heureusement, l'observation a permis de constater plus tard la chute de météorites considérables ; et rien n'empêchant de supposer que les petites planètes décroissant toujours se rapprochent des mêmes météorites de plus en plus croissantes, on finit par concevoir de cette manière le raccordement des deux séries, et concéder par la même raison que le ciel peut se composer d'astres de toute grandeur, comme le règne végétal se compose de végétaux de toute hauteur, le règne animal d'animaux de toute grosseur, et le monde humain d'hommes de toute condition. Il n'y a pas plus de distance relative d'une météorite au soleil, que du lichen au cèdre, du ciron à l'éléphant et de l'esclave au monarque. Les météorites peuvent être les animalcules des cieux.

10. Les corps célestes irréguliers appelés *comètes* se présentent sous un tout autre aspect que les *météorites*. Les météorites sont des corps solides et palpables, comme les terrestres ; mais les comètes semblent offrir au contraire la transparence et la variabilité de la lumière. Comment rallier alors ensemble ces deux sortes d'existences ? Nous croyons en venir aisément à bout dans nos principes.

Tous ces corps irréguliers, météorites et comètes, proviennent d'abord en commun d'un écart de la raison primitive, leur unique génératrice absolue, mais ils en proviennent différemment, à savoir : les météorites par aveuglement et *passion*, les comètes par *caprice* et légèreté.

Soit ici la raison primitive figurée par une courbe fermée *circulaire* ou *elliptique* : il existe notamment deux manières d'en rompre le cours uniforme, indéfini : l'une, en rompant l'équilibre originaire des deux forces centripète et tangentielle au seul profit de la centripète ; l'autre, en assujétissant au contraire sans retour la centripète à la tangentielle. Imaginons, par exemple, un mobile obliquement projeté tout d'un coup dans l'atmosphère : ce mobile ainsi lancé montera pendant quelques instants ; mais bientôt il cessera de monter, et descendra rapidement en décrivant une trajectoire parabolique jusqu'à la rencontre solide de la terre. Imaginons au contraire qu'un mobile, tout d'abord tournant autour de la terre d'un mouvement uniforme par suite de l'égalité des deux forces centripète et tangentielle, se trouve, en un certain moment, tellement allégé de sa masse qu'il ressent à peu près désormais la seule influence de la force tangentielle : livré dès-lors presque exclusivement à l'effet désorganisateur de cette dernière force, il devient bientôt tellement excentrique qu'on le dirait parcourant moins une ligne courbe qu'une ligne droite ; et cette ligne sensiblement rectifiée qu'il décrit alors est une trajectoire *hyperbolique*. Le mobile décrivant la trajectoire *parabolique* est une image de météorite ; et le mobile décrivant la trajectoire *hyperbolique* est une image de comète.

Évidemment, tout être doué de vie perpétuelle, immortelle, — à moins qu'il ne s'exerce tout à fait instantanément comme le Créateur, - est un être indéfiniment circulant, et par là même (*théoriquement* ou formellement au moins) doué d'égalité dans les deux forces centripète et tangentielle qui le sollicitent. Mais la Raison seule institue et prescrit la perpétuelle observation de cette égalité radicale, contre laquelle la passion regimbe souvent, et le caprice plus souvent encore. La passion aveugle et fatale ne saurait cependant maintenir longtemps son jeu généralement très-peu tenable comme extrême ; le caprice, au contraire, qui marche ou s'applique de sang-froid à sa guise, et qui n'est point par là même hors d'état de tourner longtemps impunément ou sans se briser autour des écueils entrevus, peut généralement le faire durer tant qu'il lui plaît, parce qu'il l'envisage toujours comme moyen et jamais comme fin. Au lieu, donc, qu'une météorite ne revient jamais sur ses pas, une comète y peut revenir ; mais la comète y revenant n'a pas dépouillé son caractère inconstant, et par suite, ou ne repasse point par les mêmes lieux, ou ne se reproduit point sous les mêmes traits, ou bien encore se reproduit avec des avances ou des retards sensibles ; en un mot, une comète est essentiellement volage, excentrique, inégale, et cela parce qu'elle manque de fond et donne tout à la forme, en ne l'envisageant pas même comme forme, mais seulement comme saillie, boutade, humeur ou bel esprit. Ce jeu plaisant pourrait-il toujours durer ? On sait que, à force de tourner autour de la chandelle, le moucheron finit par y brûler ses ailes. Ainsi les comètes vont et viennent plusieurs fois avec assez de bonheur ; mais finalement elles disparaissent une dernière fois sans retour dans l'espace éloigné qui leur sert de tombeau. Telle est la fin nécessaire de tout désordre. La passion va droit et vite à l'abîme, le caprice s'y rend en tournoyant ; mais la fin est la même ; il n'existe entre les deux qu'une différence de temps.

11. En comparant tout à l'heure, sous le rapport du temps ou de leur marche, les lourdes météorites et les frêles comètes, nous sommes loin d'avoir épuisé l'étude de ces dernières, dont la constitution tranche si vivement sur celle des météorites et semble être restée jusqu'à ce jour incomprise.

Une comète devient par un procédé justement inverse ou contraire à celui qui donne naissance aux météorites. De même qu'un bloc de bois très-volumineux se réduit par la combustion en une poignée de cendres, un bel astre admiré pour sa forme et son éclat se convertit par la *météorisation* en une matière informe très-dense. Au contraire, pareille à la vapeur légère qui se dégage d'un liquide volatil par élévation de température, une comète se forme par l'inverse transformation d'une belle étoile en *gaz* subtil, à peine susceptible de réfléchir les rayons lumineux eux-mêmes, si ténus d'ailleurs[1]. Maintenant, un atome *gazeux*

---

[1] Quand, sur terre et dans les deux règnes animal et végétal, un corps vivant se fractionne, il y a deux cas possi-

serait, suivant les idées reçues, un atome simplement plus rare dans le même espace qu'un atome *solide* ou *liquide*. Nous n'admettons point cette idée de vide *absolu*. Nous n'admettons pas davantage, il est vrai, le principe de l'universalité des gaz ; mais, adoptant un terme moyen, nous croyons qu'*un* atome de gaz est virtuellement (ou *rotatoirement*, avec le *rayon* requis) tout entier en tout l'espace et en chaque partie de l'espace qu'il occupe. Il existe donc à nos yeux, pour les gaz atomistiquement envisagés, une universalité *relative* ; et c'est alors cette universalité relative que nous transportons, des atomes gazeux aux comètes gazeuses, dans la pensée qu'une comète est, à *l'intensité* près, dans tout l'espace et dans chaque partie de l'espace apparent qu'elle recouvre. L'exception faite ici pour *l'intensité* vient de ce que, en exercice relatif, les

---

bles : ou la *force vive* se multiplie proportionnellement aux sectionnements de l'*Objectif*, ou les parties détachées cessent d'en dépendre et font retour à la Cause universelle. Ce dernier cas nous semble seul admissible dans les cieux, où tous les états qu'on contracte sont spécialement intellectuels et par là même irrévocables.

centres des forces sont toujours prépondérants et
en règlent le cours en raison inverse $\begin{cases} \text{simple} \\ \text{cubique} \end{cases}$
des rayons internes et *carrée* des externes. La *rareté* des comètes répandues dans l'espace est donc une rareté tout spécialement intelligible, formelle ou mathématique, et non une rareté physique ou matérielle.

De cette dernière proposition, déjà jugée peut-être précipitamment oiseuse ou pointilleuse, résulte une conséquence pratique d'une importance capitale ici, car elle exige que, au lieu d'être présupposées répandues dans l'espace à l'instar des graines de poussière ou de fumée disséminées dans l'atmosphère, les comètes y soient au contraire censées étendues à l'instar d'un flux continu $\left(= \Sigma \overline{e^{-t}} \right)$ souvent immense. Effectivement, elles ne sont pas là comme d'innombrables gouttelettes de pluie prêtes à tomber, mais elles y sont comme une gaze infiniment légère établie sur le vide objectif. L'air sépare et soutient les globules nuageux ; dans le vide, rien ne peut semblablement séparer et soutenir à la fois

4

les comètes qu'elles-mêmes ; elles trouvent et puisent donc en leur seul et propre fond la force dont elles ont besoin pour s'étendre ou s'épanouir de la sorte'. Mais, en même temps qu'elles s'épanouissent comme des *fleurs* ou s'étalent comme des *feuilles*, elles montrent tout leur savoir-faire, elles épuisent tout leur pouvoir, et finalement leur apparition progressive en divers lieux n'est qu'une promenade d'ostentation au milieu des cieux, d'où bientôt elles disparaissent à jamais, sans laisser la moindre trace de leur passage.

12. Les êtres objectivement ou subjectivement météoritiques ou cométaires impliquent bien à la fois (en principe) fond et forme ; mais ils n'y tiennent pas également, et ils diffèrent alors en ce que les premiers, délaissant la forme, s'attachent trop au fond, et les seconds, négligeant le fond, s'adonnent trop à la forme.

Aussi se détériorent-ils tous promptement, dégénérant, les premiers en scorie informe, les seconds en vapeur impalpable, et ne se survivant ainsi, les uns et les autres, qu'en manière de résidu sans vertu ni valeur réelle. On peut voir une image de cette rapide déperdition d'être en la lumière, d'abord *naturelle*, puis *spéciale* ou *polarisée*, plus tard *élémentaire* ou *singulière*, et enfin (après épuisement de la série des couleurs, depuis le rouge le plus vif jusqu'au plus sombre violet) *nulle* ou *négative*. Par ces décroissements continus, la lumière, qui n'est qu'un reflet externe des activités internes, nous représente exactement comment, sous prétexte de perfectionnement, les êtres contingents, trop confiants en leur propre industrie, parcourent hiérarchiquement tous les degrés de valeur ou de non-valeur imaginables.

Est-ce que la nature ne serait point par hasard responsable de cette dégradation progressive ? Si l'on entend par nature la cause infinie première, on aurait certainement tort de l'en accuser, car elle n'en est aucunement cause ni complice. La Nature, vrai principe de *dégradation*, est l'Activité même qui réalise cette dégradation, et non celle qui la proscrit et repousse de soi, quoique, imaginairement au moins, elle en pût être infectée de même, et qu'elle en contienne radicalement ainsi la possibilité, sinon la volonté ni l'acte. La Nature première contient d'abord assurément en soi tout ce qui doit s'en distinguer plus tard ; mais elle le contient comme elle le peut et doit contenir, c'est-à-dire, en le maintenant à sa place ou à son rang naturels, et par conséquent en guise (quand il le faut) de scorie informe ou de vapeur impalpable ; c'est pourquoi cette lie de l'être est bien incapable de prendre jamais chez elle le dessus sur les états plus parfaits et supérieurs. Cependant, mises en demeure de choisir entre les états plus parfaits ou les pires, beaucoup d'activités, trouvant à ces derniers des avantages sensibles ou mondains faisant défaut aux autres, n'hésitent point à leur donner la préférence, et se les inoculent par là-même immédiatement ; mais elles payent cher cette fantaisie d'un moment, car, l'heure de leurs illégitimes satisfactions une fois écoulée, reste à solder en regrets ou ressentiments douloureux un écot proportionnel aux enivrements de la passion ou du caprice formellement contraires à la raison.

Pour se bien représenter les Natures réelles qui sont les vraies activités, il peut être utile de les imaginer, d'abord, *toutes* appliquées *longitu-*

dinalement et *transversalement* en manière de cosinus et de sinus ; et puis : les *bonnes* jugeant les directions *longitudinales* (radicalement infinies et dès-lors toujours superposées) *réelles* et les directions *transversales* (évidemment finies de fait et dès-lors toujours dispersées en représentation) *imaginaires* ; au contraire, les *mauvaises* jugeant les directions *longitudinales* imaginaires et les *transversales* réelles. Abstractivement considérées avant ces actes respectifs de jugement, toutes les Activités s'équivalent en valeur absolue ; mais, en vertu de leur jugement et conformément à sa dictée, chacune d'elles, s'en appropriant aussitôt le mérite ou le démérite, en endosse du même coup la qualité relative ; et la *mauvaise* de fait est alors celle qui fait du fini le réel et de l'infini l'imaginaire, comme la *bonne* est celle qui maintient à l'infini le rôle de réel en réservant au fini celui d'imaginaire. En conséquence, les seules Activités immédiatement issues de l'infini-réel sont les bonnes ou *régulières*, car elles ne s'inspirent effectivement sous tous les rapports que de la vérité dans le temps et l'espace, dès-lors qu'elles ne cessent point de juger des choses temporellement comme elles en jugent éternellement. Mais les autres Activités, pour lesquelles il existe en quelque sorte deux poids ou deux mesures, et qui subordonnent même l'influence des idées éternelles aux impressions du moment, ne sauraient jouir d'un équilibre aussi stable ; et changeant alors d'heure en heure ou de moment en moment, temporelles par conséquent en principe, elles le sont aussi toujours de fait, au point même d'apparaître d'abord autant faillibles avant d'agir que fautives plus tard après leur chute.

Essentiellement finies, mais jamais indéfinies ni à plus forte raison infinies, les Activités *irrégulières* ou mauvaises ne sauraient offrir, en extension ni en intensité réelles, la grandeur des Activités bonnes ou *régulières*, toujours *infinies ou du moins indéfinies par quelque endroit*, d'après ce qui précède ; et comme les Météorites ou les comètes ne sont point *objectivement* autre chose que ce qu'elles sont *subjectivement*, il suit de là qu'en vain on voudrait faire réellement dériver de l'espace infini ou seulement indéfini ces mêmes corps célestes, dont l'existence est nécessairement comprise entre le *centre* et la *périphérie* des systèmes solaires où ils ont surgi pour la première fois. Ainsi, nulle météorite ne vient de plus haut que cette même périphérie, comme nulle comète ne peut jamais l'outrepasser ; ou bien il faudrait admettre un acte du Créateur brouillant à la fois tous les systèmes. Car nul jet liquide, par exemple, ne peut atteindre un niveau supérieur à celui de la source qui l'alimente. La force première de tous les systèmes d'êtres est une force *sphérique* à trois degrés, contenant sous soi plusieurs autres forces *spéciales* et *particulières* du second ou du premier degré, naturellement désireuses de s'émanciper de sa tutelle pour s'exercer bien ou mal séparément. Mais, que ces dernières forces soient alors censées légitimement affranchies ou non : en aucun cas elles ne doivent pouvoir accuser un degré d'activité supérieur à celui de leur source. L'origine des météorites et des comètes est donc constamment comprise entre des limites assignables de fait, bien qu'en raison elle impliquent pour leur première réalisation une puissance réellement infinie.

15. Sachant maintenant d'où viennent, ce que sont et ce que seront tous les êtres *irréguliers* existant sous les deux formes de météorite et de comète, nous pouvons, prenant désormais en spéciale considération les êtres *réguliers* appelés satellites, planètes ou soleils, les comparer aux précédents et chercher de cette manière à les mieux connaître par contraste.

Ainsi qu'il a été dit, les météorites et les comètes ont, en principe, même origine et nature, ou sont, par première position, des *esprits formels*, avec *masse* et *volume* implicites ; mais, par modification accidentelle et spontanée, leur état intrinsèque, volontairement déterminable et déterminé, tourne promptement à l'*extrême concentration* pour les unes et à l'*extrême expansion* pour les autres ; c'est pourquoi les premières dégénèrent en matière brute et les dernières en gaz subtils. Partant alors d'un même *État originaire* nécessairement moyen entre ces deux extrêmes et rationnellement assez accusé d'ailleurs par leur seule opposition, les météorites et les comètes se raccordent *originairement* en lui, sans même différer des êtres réguliers dont elles devront se séparer plus tard ; et si l'on remarque après cela qu'en général, au moment où l'on sort d'un juste milieu, la *déformation* peut aller en croissant indéfiniment par condensation ou par raréfaction, on en inférera sans peine que, indéfiniment multipliable en deux sens opposés, le nombre des êtres irréguliers puisse l'emporter considérablement sur celui des réguliers plus uniformes. Cependant, quoique très-valable en soi, ce premier aperçu n'exclut point l'inverse, par lequel on concevrait, en raison de la prééminence (en *fécondité*) de l'ordre sur le désordre, la supériorité de nombre échéant aux êtres réguliers, de préférence aux irréguliers. Nous nous trouvons donc actuellement en présence de deux points de vue relatifs d'égale certitude, mais non d'égale valeur, qu'il s'agit d'apprécier convenablement. Nous entrerons en matière à ce sujet par des considérations générales d'une incontestable notoriété.

Nous ne croyons aucunement altérer ici la notion des rapports qu'il s'agit de définir, en imaginant entre *dérèglement* et *régularité* le même ordre de dérivation qu'entre *erreur* et *vérité*. En général, le nombre des amis de la vérité décroît, comme croît le nombre des partisans de l'erreur, et réciproquement. Mais, à la place d'une seule vérité qu'on ignore ou méconnaît, il existe une foule d'erreurs possibles : sous ce rapport, l'erreur a plus de chances de diffusion. D'un autre côté, toute erreur a naturellement moins de prise que la vérité sur le commun des esprits : donc, sous ce nouvel aspect, la vérité doit trouver plus d'adhérents que l'erreur. Réunissant ces deux aperçus en un seul, on peut dire alors à bon droit que la *dissidence* est, sinon preuve, au moins signe d'erreur, et que de même l'*unanimité* vaut, sinon comme garantie, du moins comme indice de vérité. Portons maintenant ces deux caractères à l'extrême en les généralisant, ou bien n'admettons point d'autres caractères actuels que ces deux-là : tous les hommes se diviseront désormais pour nous en *unanimes* et *dissidents* ; et le caractère commun et distinctif des uns sera la dissidence, le caractère commun et distinctif des autres sera l'unanimité. Mais, évidemment, la dissidence est un caractère éminemment *subjectif*, non *objectif* ; et non moins évidemment encore, l'unanimité suppose au contraire constamment concourants et confondus en elle le *subjectif* et l'*objectif:* car la dissidence exclut tout centre de pensée, quand l'unanimité l'implique tout fait et présent. Donc la supériorité des dissidents en nombre est une majorité numérique simplement formelle, abstraite ou négative ; et la supériorité des unanimes en nombre est une majorité numérique vraie, réelle ou positive. En d'autre termes, *abstractivement* ou négativement, les dissidents sont les plus nombreux ; mais la majorité *concrète* ou positive appartient aux unanimes. Par suite de l'assimilation précédemment admise entre *errants* et *non errants* ou bien *irréguliers* et *réguliers*, nous conclurons alors de là que la majorité des corps célestes irréguliers, réduite à la supériorité de fait, ne brille que par l'émiettement de l'incohérence, quand la majorité des êtres réguliers, toujours distingués par leur haute valeur réelle, est la vraie majorité de droit.

Un exemple peut être utile ici pour fixer les idées sur la question présente, et pour cela nous proposerons le suivant. Soient les êtres au nombre de *neuf cents*, et supposons-en *six cents* partisans de l'erreur sous plusieurs formes, *trois cents* partisans de la vérité nécessairement une. Nous aurons alors, d'une part : $\frac{600}{900} > \frac{300}{900}$, ou bien $\frac{2}{3} > \frac{1}{3}$; ce qui nous donne la supériorité de $\frac{1}{3}$ pour les dissidents. Mais, en même temps, nous aurons d'autre part (puisque les trois cents partisans de la vérité sont, chacun, équivalents au tout, et que les six cents partisans de l'erreur restent individuels) : $\frac{300 \times 300}{900}$ pour les premiers, et seulement $\frac{600}{900}$ pour les seconds ; ce qui nous donne le rapport de 100 à $\frac{2}{3}$ ou bien de 150 à 1. Donc, quand la valeur de la supériorité *formelle* ou quantitative est seulement de 1, la valeur de la supériorité *réelle* ou qualitative est de 150 ; et par suite il est bien évident que la première n'est que factice en regard de la seconde, seule réelle ou légitime à tous égards.

14. Sans sortir du principe fondamental de l'intrinsèque et mutuelle inhabitation des una-

nimes, nous pourrions, au gré de ceux à qui le précédent exemple ne conviendrait point, la présenter sous une autre forme et concevoir même graduée ; mais nous ne croyons pas utile d'insister sur ce point, et passerons de suite aux applications. Nous distinguerons pour cela deux ressorts ; l'un *sensible* ou phénoménique, l'autre nouménique ou *spirituel*. Le lieu du premier ressort est la terre que nous habitons, et telle qu'elle nous apparaît, y compris le firmament tel qu'il nous apparaît encore ; et le lieu du second ressort est l'univers tel qu'on le conçoit à l'aide d'un Intellect et d'un esprit épurés ou parfaits. Les êtres *sensibles*, remarquables par leurs caractères calorifiques et matériels ou par leurs formes polyédriques stables ou instables, sont du premier ressort ; et les êtres *immédiatement intangibles*, dont on acquiert tout au plus l'*aperception* par le sens *visuel* externe, et la *notion* par les actes *d'initiative* ou de *spontanéité* qui les caractérisent, sont du second. Or, formellement ou grossièrement groupés ensemble, les êtres *sensibles* du premier ressort ont assurément pour eux la supériorité du nombre abstrait dans ce monde sublunaire où nous voyons le petit fourmiller dans le grand. Mais, nous plaçant au contraire au point de vue du second ressort, et groupant ensemble les êtres *spirituels* convenablement appréciés, nous devons voir à la fois, et disparaître à jamais pour nous (en raison de leur extrême petitesse relative) les êtres exigus de tout à l'heure, et nous apparaître du même coup en leur place, pareilles aux astres du firmament, les personnalités puissantes dont l'installation ne demande rien moins que l'incommensurable étendue de l'espace rationnel pour s'exercer librement. Naturellement, plus le coup d'œil embrasse d'espace, plus les petits êtres qu'il renferme s'effacent, et plus les grands dont il est peuplé se découvrent. Ainsi, pour le simple ver, une motte de terre est une montagne ; pour l'aigle, planant au sommet de l'air, une montagne est une motte de terre ; pour des êtres stellaires (satellites, planètes et soleils), les êtres stellaires leurs pareils sont seuls réels, et leur majorité respective est en outre la majorité vraie, la majorité concrète ou positive, dont finalement il n'est pas même improbable que la *valeur numérique égale exac-*

tement celle de la formelle ou négative, seulement propre à la tenir en échec aux yeux des êtres les plus inférieurs.

15. Le Sens inspirateur de ces derniers êtres est le Sens *physique* ou mieux le Sens *propre*, essentiellement égoïste et cassant, impatient destructeur de toutes les liaisons stériles à ses yeux, et par suite vivant toujours solitaire dans l'étroite enceinte de son individualité, derrière le double boulevard de l'orgueil et de l'intérêt personnel. Un tel retranchement habituel en soi-même n'est point assurément (dans le sens élevé du mot, puisque tous êtres intelligents sont essentiellement sociables) *naturel*; mais il a pourtant ses attraits ou ses avantages immédiats; et c'est parce qu'il est ainsi (secondairement au moins) *naturel* à sa manière, qu'on peut rencontrer des êtres construits sur le type dégénéré des météorites ou des comètes, chez lesquels un esprit exagéré de particularisme exclusif supplante l'instinct social et primitif de bienveillance universelle. Mais, de même et par là même que l'égoïste ou mauvaise nature se cantonne ainsi chez cer-

tains êtres, la bienveillante ou bonne nature se réfugie chez d'autres, dont le premier soin est alors de rétablir entre tous les êtres sociables le plus de points de contact ou de traits d'union qu'il est possible ; cependant, leur but n'est jamais en cela de tuer tout à fait le sentiment individuel, mais seulement de l'épurer en l'accommodant, par perfectionnement progressif, aux conditions d'entente ou d'harmonie requises pour la pratique de la réciprocité la plus complète ; et c'est alors, en agissant suivant ce programme, qu'ils arrivent à l'institution d'un régime infiniment libre et solide tout ensemble, comme donnant d'une part à la liberté, pour base, la règle immuable du devoir ; d'autre part au devoir, pour unique agent ou ressort, la liberté. Quand les choses en sont arrivées à ce point, la nature et la liberté sont objectivement identifiées ensemble ; et l'ordre a repris ou retient son cours régulier indéfectible. Le système général des corps célestes jouant les rôles de soleils, de planètes et de satellites, est justement constitué sur ce plan.

Il semble de prime abord impossible de concilier ou de faire marcher ensemble la nature et la liberté ; mais là-dessus la nature elle-même a pris les devants sur nous et nous en a montré l'accord réalisé dans le concert des êtres réguliers, laissant seulement à deviner aux hommes intelligents le procédé secret mis par elle en avant à cette fin : ce secret est dans la *réciprocité des fonctions sociales* toujours possible, parce qu'elles ne stationnent jamais en elles-mêmes et peuvent tourner sans fin. Dans cet arrangement, les êtres ne sont jamais censés moins passifs qu'actifs ; mais, passifs, ils ne font rien pour l'être ; actifs, ils ne réservent rien : leurs jouissances, ils les reçoivent donc sans y contribuer ; et, leur désintéressement restant toujours absolu, leurs mérites ne peuvent également jamais décroître. Mais, objectivement, comment pourrait-on alors apercevoir le moins du monde les allées et venues perpétuelles de ces mouvements subjectifs internes? On en peut bien discerner ce que nous croyons en pouvoir nommer les bouts, c'est-à-dire les *principes et les fins*, ou mieux encore les *sujets sidéraux* ayant rang, l'un de *soleil*, l'autre de *planète*, etc., parce que les fonctions *réelles* inverses ne s'en superposent point ; mais il est bien clair, au contraire, que, prises en dehors et considérées dans l'intervalle de l'un à l'autre, les fonctions essentiellement *imaginaires* s'en superposent entièrement. Alors, sur quelque point de cet espace que nous portions notre regard, nous rencontrons deux activités égales, mais contraires, qui coïncidant, par exemple, sous la double forme $\pm \frac{Mm}{R^2}$, se recouvrent et s'unissent entièrement; donc, du même coup, elles reçoivent chacune autant qu'elles sacrifient, ou bien, pour adapter à ce cas le terme physique admis, elles *interfèrent*; auquel cas, l'annulation *apparente* n'impliquant aucunement l'annulation *réelle*, les relations intimes ou virtuelles ne cessent point de se poursuivre en tout sens au même moment où l'interruption en paraît être, pour le dehors, totale. Du reste, rien n'est plus diversifié que l'habitude ou la pratique de la réciprocité entre les êtres moraux, seuls capables d'ailleurs de cette vertu, car, outre qu'elle intéresse à la fois toutes les puissances par constante accommodation du Sens à l'Intellect et à l'Esprit, elle n'est point évidemment la même entre soleil et planète qu'entre planète et satellite ou satellite et soleil, et, dans leurs rapports mutuels, tous ces corps ressemblent aux groupements sociaux de personnes de tout âge, sexe ou condition, dont les états respectifs seraient, à tous égards, l'exact équivalent les uns des autres.

16. Nous venons d'expliquer le calme et la perpétuité de l'ordre céleste par la *réciprocité* des fonctions chez les corps réguliers du système solaire; mentionnons de même, actuellement, comment la nature et la liberté se concilient chez eux à merveille jusque dans les détails.

Comme nous l'avons déjà dit incidemment (§ 15), moins un être contingent agit par lui-même ou met d'art et de volonté *propres* en ses actes, plus l'exercice en est vraiment naturel. La Nature n'a nul besoin qu'on l'aide; et, mêlant son activité propre à la sienne, on ne peut qu'en ralentir ou précipiter le cours : on l'altère donc alors toujours par *entrave* ou par *hâtivation*, et par conséquent on la *dénature* plus ou moins. La perfection serait, pour tous les êtres libres, de s'abandonner pleinement à l'exclusive direction de la nature primitive ; et l'on ne devrait pas craindre pour cela de voir alors toute variété disparaître dans une uniformité désespérante, car la nature a ses vives saillies comme elle a ses allées régulières. L'eau, par exemple, tombe naturellement en coulant suivant la plus grande pente ; mais la même eau sait aussi naturellement remonter, — le cas échéant, — à son niveau primitif, et mesurer exactement la hauteur de jet à la profondeur de chute. Cette uniformité de variation, ou mieux cette variation et cette uniformité concomitantes, éclatent plus vivement encore dans les deux règnes végétal et animal. Chez les végétaux et les animaux dénués de toute volonté propre, le cours évolutif des organismes est évidemment naturel ; mais en est-il moins *continu*, d'une part, et moins *sautillant*, de l'autre ?... Jamais, là, l'accroissement ou le décroissement ne souffrent d'interruption réelle ; ils se poursuivent donc bien uniformément. Et quels sauts, cependant, n'accomplissent-ils pas dans le passage, par exemple, de feuille à fleur et de fleur à fruit, ou bien encore dans le changement de germe en embryon et d'embryon en animal parfait ? La nature saute également d'hermaphrodite en androgyne, d'androgyne en uni-sexuel, et d'uni-sexuel en a-sexuel. Elle saute, elle marche : elle ne sommeille donc jamais ; et quand, alors, nous entreprenons de la diriger, que lui apprenons-nous ou que lui apportons-nous, sinon notre inquiétude et notre ignorance extrêmes, accompagnées de présomption ou d'inconstance égales. C'est pourquoi notre intervention ne peut réellement qu'en déformer la rectitude originaire par la substitution de nos courtes idées à ses règles universelles. Cette même Nature, qui se joue maintenant d'une manière si merveilleuse dans les deux règnes végétal et animal, est bien encore la fondatrice du monde céleste ; elle doit donc s'y montrer la même, c'est-à-dire collectivement et divisivement *sautillante* et *continue*, comme tout à l'heure. En passant des divers règnes de la Nature terrestre au monde céleste ou virtuel de l'Esprit, nous changeons énormément de milieu, de fond et de forme ; mais en même temps les procédés primitifs, non abolis, apparaissent seulement simplifiés. Naguère, par exemple, nous passions dans les règnes végétal et animal (à travers les longues périodes consécutives d'accroissement et de décroissement organique) par les trois états coordonnés, *a-sexuel*, *uni-sexuel* et *bi-sexuel*. Eh bien ! ce sont ces trois mêmes termes absolus, dégagés cette fois de tous intermédiaires, que nous retrouvons dans les cieux sous les trois formes sporadiques de satellites, de planètes et de soleils. L'activité naturelle est *complète* dans les soleils, *élémentaire* dans les satellites, et *moyenne* dans les planètes. Elles saute donc encore ici comme d'échelon en échelon, mais toujours pour remonter incessamment, sans plus s'embrouiller dans son exercice *fatal* ascensionnel, que s'interrompre dans son exercice *gracieux* descendant ; car, comme nous l'avons admis depuis longtemps[1], croissante ou décroissante, elle est respective-

---

[1] Ce principe peut se démontrer en quelque sorte expérimentalement. Par exemple dans la végétation, où la force *expansive* individuelle agit, on voit sortir, du tronc les branches, et des branches les rameaux. Au contraire, dans le rassemblement des eaux des montagnes, où la force *attractive* universelle domine, des petits filets d'eau sortent les ruisseaux, des ruisseaux les fleuves, et des fleuves la mer. Ainsi, la *nature* unit et concentre ; la *liberté* divise et disperse.

ment fatale ou libre, mais dans les deux cas les opérations en sont aussi continues que variées. D'ailleurs, ces variations, parfois occultes, éclatent aussi parfois au grand jour ; et pourquoi, sinon parce que, bien différents des *esprits recteurs* des météorites et des comètes, les *esprits recteurs* des satellites, des planètes et des soleils, quoique foncièrement non moins actifs et libres que ceux-là, n'usent de leur puissance discrétionnaire absolue que pour s'accommoder avec la même indifférence au double jeu prévenant, tour à tour impulsif ou suspensif, de la Raison naturelle? Supposé qu'il leur plût d'agir arbitrairement, ils pourraient bien, eux aussi, chercher à varier outre mesure le cours éternel des choses ; mais, au lieu de viser indiscrètement à l'originalité, par sagesse naturelle *infuse* et *volontaire* tout ensemble, ils préfèrent n'user de leur liberté que pour en sanctionner l'harmonie préalable; et de cette manière, en se renonçant eux-mêmes, ils trouvent le moyen de s'élever si haut qu'on les dirait presque identifiés à la cause première, parce qu'ils l'imitent d'autant mieux qu'ils se produisent eux-mêmes moins.

17. En se contenant *activement* par réflexion dans les limites de la plus stricte *passivité* réelle ou formelle, les êtres *réguliers* n'obtiennent pas seulement l'avantage d'une *perpétuelle stabilité* dans leurs états respectifs externes ; ils obtiennent encore, puisque leurs états *objectifs* individuels sont hiérarchiquement inégaux, celui de posséder *subjectivement* en secret ceux même d'inférieure ou supérieure objectivité dont ils sembleraient extérieurement être dépourvus. Ainsi, le satellite qu'on trouve *subjectivement* réduit en apparence au plus bas degré de la puissance réelle, ne laisse point d'en occuper *subjectivement* les degrés moyen et supérieur par son jeu virtuel interne, éminemment imaginatif et libre. Au contraire, le Soleil, *objectivement* dominateur par son rôle expansif apparent, descend concurremment au rôle *secondaire* de co-agent en exercice relatif par rapport aux planètes, et *primaire* de puissance initiale ou finale en exercice absolu par son rôle de centre immanent ou statique par rapport à tout le système de corps dont il est l'âme. Enfin, la planète qui, comme la terre, sert une fois, en exercice *ascendant*, de transition

entre l'humble satellite et l'éclatant soleil, sert encore, en exercice *descendant*, de terme moyen entre le grand astre et le petit. Tous les rôles des êtres réguliers sont donc, par leurs faces *objective* et *subjective*, doubles ; bien plus, ils sont, par leurs deux faces relatives et par leur troisième absolue, triples ; et par suite ils jouissent tous également, quoique inversement, des trois degrés seuls possibles de la puissance réelle, ou bien ils sont, chacun, égaux au tout.

18. Comme le *sentiment de la Centralité*, poussé jusqu'à l'extrême ou diminué jusqu'à zéro, donne naissance aux deux états contraires des météorites alourdies ou des comètes affolées, le même *sentiment*, mesuré (sans détriment d'énergie) par la sage pondération des deux tendances rivales expansive et contractive, règne d'abord indistinctement chez toutes les forces *régulières* personnifiées, comme soleils, planètes et satellites, lesquelles se diversifient dès-lors, non par leur esprit interne absolu, mais par leur seule manière de le traduire ou de l'exprimer au dehors, en se constituant dans des états opposés

capables de faire ressortir par contraste tout ce qu'intrinsèquement elles possèdent à cet égard de puissance, d'art ou de dévouement. Pour elles, en effet, la centralité n'est point une simple abstraction ou vérité formelle, chose qui ne les engagerait à rien, mais une vérité réelle, une objectivité concrète, et par conséquent un être véritable, une position absolue, souveraine, indiscutable et générale. Cet inconditionné, général et particulier tout à la fois, et d'ailleurs nullement solide, ni liquide, ni gazeux, est alors tout spécialement spirituel, et correspond à l'Être divin. Le sentiment qu'en ont les êtres *réguliers* est donc le sentiment de la divinité même, comme présente, influente, active et souveraine ; et, parce qu'il leur est intrinsèquement propre, il les fait participer à ses propriétés ou les rend virtuellement universels, éternels, indépendants et libres à son image. Cette Idéale-Réalité qui plane alors aux yeux de leur intelligence est cependant, comme eux, susceptible des deux aspects contraires *externe* et *interne* ; c'est-à-dire qu'elle peut leur apparaître réalisée tant au dehors qu'au dedans. Comme extérieurement réelle, elle est sensiblement percevable et perçue; comme intérieurement réelle, elle n'a plus de position sensible apparente, et se révèle seulement à l'Intellect sous la forme d'*idéal* rationnellement nécessaire, mais indéterminé de *fait*, comme le sont en général toutes les vérités rangées dans leur ordre logique.

Supposons, maintenant, ces deux manières de voir alternativement appliquées à part ; et concevons d'abord l'Idéale-Réalité divine visiblement (sous l'impression vivante du sentiment suprême de la Centralité) perçue quelque part au dehors : dans ce cas, il est de suite évident, — puisque le sentiment se trouve être extérieurement appliqué par hypothèse, — que l'*objet* en est par là-même *local*, actuel, discret, original et principe, ou foyer ou point de départ réel à l'égard de tout ce qui s'y rattache, ou bien encore qu'il fait office de précédent, et figure, en conséquence, comme *sujet* donné, passé, clos, historique ou traditionnel. Concevons ensuite la même Idéale-Réalité divine, non plus appliquée comme elle l'était censée naguère, mais apparaissant seulement à l'esprit ou subsistant dans la région abstraite ou formelle des idées, comme si elle attendait là l'écoulement d'une série (simple ou composée) de termes pour aboutir à son entière réalisation objective; le sentiment qui s'y rapporte ne pouvant alors se faire jour que dans les temps à venir, l'objet immédiat mais latent en est par làmême, de son côté, seulement (sous le rapport objectif) prévu, représenté, *futur*, et (sous le rapport subjectif) virtuel, tendantiel ou provoquant. Or, quand on compare ensemble des choses respectivement constituées comme l'une *locale* et l'autre *future*, etc.; si l'on ne peut nier qu'elles s'impliquent, on doit au moins forcément avouer qu'elles ne laissent point d'être absolument incompatibles de fait. Car toute chose *localisée* par hypothèse est essentiellement finie, restreinte en son contour, n'importe quelle en est l'extension à la ronde, puisqu'il est reconnu que cette extension doit intensivement s'affaiblir suivant l'éloignement, en raison inverse de la première ou seconde ou troisième puissance. Au contraire, un fait *futur*, et par conséquent idéal au début, est un fait qui, tout petit qu'on l'imagine en son principe, peut atteindre dans le temps, par accroissement diversement accéléré de vitesse, tous les degrés voulus d'intensité réelle. Pour ne point assez envisager alors dans tous les faits donnés *actuels* l'implicite présence de la suprême Réalité, leur institutrice originaire, les esprits légers en arrivent vite au mépris et se font un jeu criminel de la nature objective inséparable de son principe divin ; et, par un excès analogue quoique opposé, les esprits lourds ou paresseux, prompts à s'abandonner aux premières suggestions de captieux idéaux, leur lâchent volontiers les rênes, mises précisément dans un tout autre but, par l'éternelle Raison, entre leurs mains, et par suite ils en deviennent, plus tôt ou plus tard, de fauteurs les victimes. Mais ni l'apparent abaissement des positions temporelles observées, ni la haute valeur imaginaire des jouissances sensibles immédiates, ne sont de même, aux êtres vraiment pénétrés de la secrète et réelle présence (en ces états passagers) de la suprême Réalité divine, une occasion d'en abuser par excès de mépris ou d'affection. Mieux ces derniers se gardent, au contraire, d'imiter les précédents en leur présomption ou faiblesse, plus ils se conservent ou s'affermissent dans leurs parfaites prédispositions originaires ; et dans ses perpétuelles révolutions, le cours extérieur du monde leur apparaît aussi constamment indifférent en lui-même; parce que, en appliquant d'une part le principe déterminateur qui les porte à voir toujours le général dans le particulier, ils n'oublient jamais d'appliquer d'autre part à la fois le principe inverse par lequel ils voient réciproquement, en tout temps, le particulier dans le général.

19. Si le sentiment général de la centralité maintient constamment dans l'ordre primitif tous les êtres réguliers constitués sous les formes distinctes mais harmoniques de soleils, de planètes et de satellites, on conçoit que, venant à s'affaiblir de plus en plus, il engendre un proportionnel décroissement où, tout esprit de centralisation ou d'unité s'étant évanoui, le mouvement originaire, elliptique ou circulaire pour les uns, devient hyperbolique ou parabolique pour les autres. Cependant, autant le sentiment de la Centralité présupposé fini peut être censé décroissant d'une

part jusqu'à zéro, autant il peut être conçu croissant d'autre part jusqu'à l'unité ; et, dans ce dernier cas, on a l'idée d'un Être infiniment régulier et radicalement régi par le sentiment exclusivement dominateur de la concentration absolue. Ce dernier Être, qui ne peut plus se distinguer du divin, est alors tout d'abord, objectivement, infiniment réduit ou simple par l'effet immédiat du Sentiment centralisateur qui l'absorbe tout entier. Mais, par là-même qu'en lui l'Activité relative se contracte ainsi subitement dans un premier élan, en un second élan, également immédiat mais contraire, elle doit se déployer de même infiniment en instituant la Raison éternelle munie de tous les possibles qu'elle implique après elle, avec cette différence entre eux que les *conformes* n'en sont point séparables comme *actuels* et semblent comme suspendus à son sein, tandis que les *contraires* s'y rattachent seulement médiatement *en idée* pour n'apparaître ultérieurement *de fait* que dans le temps réel, en leur jour ou leur heure de concours formel ou mécanique. Effectivement, *habituels* par essence, les êtres réguliers ne sont point radicalement inalliables avec la Raison éternelle, *habituelle* aussi, puisqu'elle est foncièrement invariable ; sous ce rapport, elle peut donc avoir pour co-associés éternels les êtres habituels réguliers, imbus des mêmes sentiments de communion absolue qui l'animent. Mais les êtres irréguliers, pour lesquels les bonnes habitudes intellectuelles ou morales sont de vaines chimères, et les plus grossières images ou sensations tout le réel, comment existeraient-ils, au moins à leurs propres yeux, hors des lieux et des moments où les basses objectivités et subjectivités dont ils se repaissent surgissent au grand jour ? Ces derniers êtres n'existent donc réellement, pour eux-mêmes, que dans le temps ou dans l'espace sensibles ; et leurs aînés ou précurseurs incontestables sont les êtres rationnels ou réguliers dont les précieuses qualités intellectuelles ou morales constituent l'apanage habituel. Classant ainsi tous les êtres au point de vue du temps, on peut dire que l'Être créateur est *éternel*, que les êtres réguliers sont *perpétuels*, et que les êtres irréguliers sont (sauf en principe) *temporels*.

20. Ayant un principe sans principe et une fin sans fin, l'Être créateur est rigoureusement éternel et instantané tout à la fois. Comme il n'y a point deux éternités ni deux instantanéités distinctes imaginables, toutes les réalités sont d'abord *absolument* confondues dans son unité primordiale ; mais la Raison ne laisse point de les y distinguer aussitôt—indépendamment de tous temps ou lieux réels — par simple démêlement intelligible composé de deux moments, l'un, d'observation *directe,* et l'autre *réfléchie.* Dans le premier moment, elle perçoit intemporellement les êtres *réguliers* identifiés avec elle-même par leur esprit *unanime* ; dans le second moment, elle perçoit séparément, après réflexion et par là-même dans le temps ou temporellement, les êtres *irréguliers* seulement prompts à se manifester pour entrer *en lutte* avec elle et la combattre incessamment. Partant alors de là pour résumer en quelques mots tout ce qui précède, nous dirons :

1° *a*). Tout être pour lequel la Centralité fondamentale est subjectivement répugnante mais objectivement imposée de force, est *météorite.*

b). Tout être pour lequel la Centralité fondamentale est subjectivement odieuse encore, mais pourtant objectivement répudiable, est *comète*.

2° *d*). Tout être aux yeux duquel la Centralité fondamentale est déjà pleinement active, mais ne se révèle encore pourtant qu'à titre de *droit réel* implicite, est *satellite*.

b'). Tout être chez lequel la Centralité fondamentale reste pleinement active, mais commence seulement à se révéler *formellement* au dehors à titre de *représentation*, est *planète*.

c'). Tout être chez lequel la centralité fondamentale est pleinement active et fonctionne en outre pleinement comme *fait-absolu* réel, est *soleil*.

Ainsi, nous croyons présentement avoir démontré que notre explication de l'origine des corps du système solaire est *rationnelle* ; un autre jour, nous démontrerons qu'elle est en outre *nécessaire*.

FIN.

TABLE DES MATIÈRES

Avant-Propos : Recherches sur le vrai principe des variations réelles................ v
Origine *rationnelle* des corps célestes........ §§ 1
Distinction des corps célestes en *irréguliers* et *réguliers*................................. 3
Origine des corps irréguliers : *météorites, comètes*.. 4
Origine des corps réguliers : *soleils, planètes, satellites*....................................... 13
Récapitulation.. 18

FIN DE LA TABLE.

ERRATA du N° 2 précédent :

Pag. 9, lign. 6 :	au lieu de	*VIII*, lisez	*XIII.*
— 39. — 21 :	—	*actes,* —	*astres.*
— 71. — 21 :	—	*intition.* —	*intuition.*
— 75. — 14 :	—	*tube,* —	*cube.*

En Vente chez SEGUIN, Libraire

rue Argenterie, 25, à Montpellier

OUVRAGES DU MÊME AUTEUR

Examen de la rationalité de la Doctrine Catholique. 1 vol. in-8°. 1849.

La clef de la Philosophie, ou la vérité sur l'Être et le Devenir. 1 vol. in-8°. 1851.

Traité des Facultés. 1 vol. in-8°. 1859.

De Categoriis. Dissertatio philosophica. 1 vol. in-8°. 1859.

Principes fondamentaux de Philosophie mathématique. 1 vol. in-8°. 1860.

De la pluralité des mondes. 1 vol. in-12. 1861.

Traité des Actes, Sommaire de Métaphysique. 1 vol. in-12. 1862.

ÉTUDES DE PHILOSOPHIE NATURELLE.

N° 1. Système des trois règnes de la nature. 1 vol. in-12. 1864.

N° 2. Réponse directe à M. Renan, ou démonstration philosophique de l'incarnation. 1 vol. in-12. 1864.

N° 3. De l'expérience de Monge au double point de vue expérimental et rationnel. 1 vol. in-12. 1869 (3e édition).

N° 4. De l'ordre et du mode de décomposition de la lumière par les prismes. 1 vol. in-12. 1870.

N° 5. De l'ordre et du mode de décomposition de la lumière par les prismes ; Nouvelles preuves à l'appui. 1 vol. in-12. 1872.

N° 6. Sens et rationalité du dogme eucharistique. 1 vol. in-12. 1872.

www.ingramcontent.com/pod-product-compliance
Lightning Source LLC
LaVergne TN
LVHW052108090426
835512LV00035B/1322